novum pro

Dagmar Kummer-Eisenhuth

Frühlingsboten im Spätherbst

novum pro

www.novumverlag.com

Bibliografische Information
der Deutschen Nationalbibliothek:

Die Deutsche Nationalbibliothek
verzeichnet diese Publikation in
der Deutschen Nationalbibliografie.
Detaillierte bibliografische Daten
sind im Internet über
http://www.d-nb.de abrufbar.

Alle Rechte der Verbreitung,
auch durch Film, Funk und Fernsehen,
fotomechanische Wiedergabe,
Tonträger, elektronische Datenträger
und auszugsweisen Nachdruck,
sind vorbehalten.

© 2020 novum Verlag

ISBN 978-3-99107-216-4
Lektorat: Mag. Elisabeth Pfurtscheller
Umschlagfoto:
Olena Palaguta | Dreamstime.com
Umschlaggestaltung, Layout & Satz:
novum Verlag
Innenabbildungen:
Dagmar Kummer-Eisenhuth

Gedruckt in der Europäischen Union
auf umweltfreundlichem, chlor- und
säurefrei gebleichtem Papier.

www.novumverlag.com

Frühlingsboten im Spätherbst

Gedichtssammlung
aus den Jahren 1975–2020
von

Dagmar Kummer-Eisenhuth

Dagmar K.–E.

Frühlingsboten
im Spätherbst

Meinen Kindern und Kindeskindern gewidmet und all denen, die sich positiv aufladen möchten.

Auf ein Wort ...

Gedichte sind für mich die Quintessenz des Wortes. Ja, ich betrachte das Wort an sich, u. a. seine Wahl, Form, Position innerhalb des Verses, als Klang- und Taktgeber einer faszinierenden Komposition.
Die Inspiration zum Dichten finde ich in der Natur, in Momenten der Stille. Während der Verstand abgeschaltet ist, sprudeln die Worte aus dem Gefühl heraus, bevor ich an ihnen feile. Von klein auf finde ich Freude daran; (ursprünglich nur für Familienanlässe).
Authentische Fotografien zu vorliegenden Versen wiegen sich in der Illusion, den Moment festzuhalten. Auch meine Gemälde habe ich passend zum Text ausgewählt (signiert D.K.-E.; Aquarelle aus der Provence entstanden in Malkursen mit Alexander Solotzew).
Bisher glaubte ich, Lyrik sei in unserer schnelllebigen Zeit „überholt". Von der nahezu überwältigenden Resonanz auf mein erstes Buch „Mein Tor zur Welt – Memoiren einer Schiffsärztin" beflügelt, habe ich meine jahrelang gehüteten Gedichte zusammengestellt. Ich sagte mir (im „Spätherbst" eines erfüllten Lebens): Gib etwas Positives von dir weiter. Lass deine Worte sprechen für Glaube an sich selbst, den Schöpfer, Liebe, Mut, für ihre Bestimmung ...
... als Frühlingsboten
entgegen meiner anfänglichen Skepsis:
Wer will das lesen? Wer will das hörn?
Wen erreichen? Wen betörn?
Es sei denn, nur einer – auch das wäre gut!
Das lässt mich hoffen, das macht mir Mut!

D.K.-E.

Inhalt

Auf ein Wort 9

Gedankensprünge / Im Jetzt 15
Einmalig 17
Heute 19
Lied der Quelle 20
Endlos 21
Strand-Idylle 23
Es lohnt sich! 24
Vertrauen 25
Lebensfreude 27
Herzogsweg / Blankenburg (Harz) 28
Geborgen 29
Erkenntnis 29
Kreislauf 31
Am Feld 33
Erkenne dich! 34
Inspiration 35
Im Auf und Ab 36
Leben 37
Fortschritt 37
Einhalt 39
Lebenswille 40
Dasein 41
Neues Leben 43
Jahreszeiten 44
So, wie es ist 45
Sternschnuppe 45
Maritime Zweisamkeit 47
Wenn du gehst 48
Auf Hoher See 48
Wellen 48

Weitergehen 49
WIR 49
Glück 49
Begreife! 51
Menschlein 52
Wohin gehen wir? 53
Woher? 55
Neuer Lebensabschnitt / „Ruhestand" 56
Fazit 56
Lebenskünstler / Rückblick 57
Momente vom ICH 59
Abenddämmerung 60
Dennoch 61
Jenseits 62
Spuren 63
Sonnenuntergang 63
Abschied 65
Was bleibt 66
Perpetuum mobile 67
Lebensrad 69
Hinter dem Horizont 71
Wegbegleiter 72
Weihnacht 73

Reise-Lyrik / Momentaufnahmen 75
Eins-Sein 77
Am Wasserfall 78
Im Meer 79
Alpen-Hymne 81
Alpen – Idyll 82
Winterzauber in den Alpen 83
Erwachen in den Alpen 85
Bergtour 86
Frühlingserwachen / im Ötztal 87
Ein neuer Morgen 88
Abendsonne in den Bergen 88

Alpen – Winter 89
Winterwanderung 91
Amrum 92
Azoren-Hoch / Sao Miguel 93
Ode an Algarves Westküste 95
Meeresbrandung / Westalgarve 96
Im Blütenmeer / Westalgarve 97
Quinta dos Passaros Algarve / Gästebuch für Susanne 99
Provence bis Côte d'Azur 101
Madeira 103
Jütland 104
Morgen-Andacht 105
Fogo/Kapverdische Inseln 107
Norwegen 108
Schweden-Lied / Gästebuch für Göran 109
Karibik/Cuba 111
Kindsein / Danksagung an Laurin für den ersten
gemeinsamen Urlaub auf Jütland in seinem 3. Lj. 112
Auf dem Gipfel 113
Auf der Jufenalm 115
La Palma 117
La Palma 119
Caldera / Roque Muchachos 121
Caldera / Cumbre nueve 123
Caldera – Akt am Roque Muchachos / La Palma 125
Tinizara-Wanderweg / La Palma 127
Casa Gorgonia / La Palma / Gästebuch für Carlos 129
Gaviota / La Palma 131
Mittendrin / La Palma 133
Inselträume / La Palma 135
Rückflug 137

Was ich dir noch sagen will 139
Verse ohne Titel 141–143
Vita 145

Gedankensprünge

Im Jetzt

Caldera am Roque Muchachos La Palma

Einmalig

Ich weiß, daß ich einmalig bin,
daß jedes Leben seinen Sinn,
daß jedem Wesen zugedacht,
was es aus seinem Leben macht,
daß Leben lebt durch Diskrepanzen,
ein jedes als ein Teil vom Ganzen.
Das Wort bestimmt den Lebensweg.
Gedanken sind Realität.
An deinen Taten kannst du messen
die kleine Spur zum Unvergessen.

Buddha von Gorgonia La Palma

Heute

Dein Wunsch erfüllt sich mit der Zeit
durch deinen Mut, Beharrlichkeit.
Sei dankbar für den Schutz, den Segen,
der dich umgibt auf deinen Wegen.
Dein Tag ist heute – klar und schön –
den Sinn des Lebens zu verstehn.

Lied der Quelle
für Hannes

Ein Quell nimmt singend seinen Lauf,
umarmt das funkelnde Gestein,
springt perlend in das Tal hinein.
Nichts hält ihn auf.
Doch da, ein Fels mit breiter Nase
durchkreuzt der muntren Perlen Spiel!
Ein Augenblick – noch fern vom Ziel –
ruht Farbenpracht in der Oase.
Dort läuft sie über, sprudelnd hell;
sie jauchzt, frohlockt voll Übermut,
zerstiebt und schäumt in weißer Glut,
im Sturzflug, unsre Wasserquell!
„Talabwärts" heißt ihr ewig Lied;
sie tanzt zu seiner Melodie;
es singt, es klingt, es endet nie,
der Strophen Spur stets nach sich zieht …

Endlos

Spürbar der Geist,
der alles verheißt,
der alles umspannt,
in dir gebannt,
geformt und verdichtet,
der dir berichtet:
Du bist, was du denkst,
der Weg, den du lenkst,
das Licht, das dich führt,
dich täglich berührt,
von innen erhellt,
der Seele der Welt,
der Sonne, der Sterne,
der endlosen Ferne …
Dort spannt sie sich aus,
dort bist du zuhaus!

D.K-E. Acryl auf Leinwand Hohes Ufer Ahrenshoop

Strand-Idylle

Weißer Sand
am weiten Strand.
Im Dünenwind
Möwen geschwind
vor Wolkengetümmel
am endlosen Himmel.
Im Meeresrauschen
gedankenlos lauschen.
Durch meine Hand
rieselt der Sand …

Es lohnt sich!

Den neuen Tag begrüßen –
die Welt liegt dir zu Füßen!
Der Himmel hat sie dir geschenkt;
begreife, wer sie hält und lenkt!
Voll Liebe, Hoffnung sei dein Tun!
Erst dann und dann erst kannst du ruhn!
Die Seele ists, die uns verbindet
und alle Schranken überwindet.
Du bist so groß und doch so klein …
Nur zu! Es lohnt sich, da zu sein!

Vertrauen

Erhoffe nichts und lern verzeihn.
So wie es ist, so soll es sein!
Pack's an, wenn es zu ändern gilt!
Bleib stets du selbst, dein Ebenbild!
Verfolge deinen Traum, dein Ziel;
setz über den Verstand Gefühl!
Vertraue deiner eignen Kraft
und deinem Gott, der alles schafft;
der dich erschuf, der dich erwählt,
der dich beschützt und auf dich zählt!

Davos Dischma

Lebensfreude

Die Berge, das Meer –
ich lieb sie so sehr;
die Sonne, den Wind,
den Sand, der zerrinnt,
den König der Lüfte,
der Blütenpracht Düfte,
das Glitzern im Schnee
auf eisiger Höh,
der Kiefer Rauschen,
der Nachtigall lauschen;
die Weite des Sehens,
die Kraft des Verstehens,
den Reichtum der Erde …

Es komme und werde –
stets wiedergeboren –
nichts geht verloren.
Unendliche Ferne
im Glitzern der Sterne,
im Eins-Sein, im Jetzt!
Lebendiges Fest!

Herzogsweg/Blankenburg (Harz)

Als Kind und später immer wieder:
Mein Weg – durchwandert, voller Lieder,
mein Weg, den ich im Traume geh
und oft und immer öfter seh,
wo mancher Sturm sich ausgetobt,
die erste Zweisamkeit erprobt ...
Eichen winden sich am Hang,
Kiefernrauschen zieht entlang
meinen Weg bis auf die Höh,
wo ich lausche, reglos steh,
spüre, wie die Stille lebt,
freier Geist in Wolken schwebt.
Was einst beliebtes Kinderspiel,
erkenne ich als Weg zum Ziel ...
Nach vielen Wegen voller Glück
zieht es mich stets zu dir zurück!

Geborgen

Wenn alles schläft und einer wacht –
Geborgenheit in dunkler Nacht …
Von Sonnenauf- bis –untergang
bewegen, lieben – lebenslang …

Erkenntnis

Wir kommen und gehn.
Wir wollen verstehn.
Wir leben, vergessen,
erwachen, ermessen,
begreifen, verstehn,
vergeben, verwehn …

Caldera-Wanderweg La Palma

Kreislauf

Altes verweht,
Neues entsteht.
Im Keimen und Sprießen
kraftvolles Fließen
zur Spitze des Seins,
Alles in Eins.
Geist ist Kraft,
die alles erschafft.
Einmalig, erkoren.
Nichts geht verloren.

D.K-E. Aquarell Provence

Am Feld

Der Klatschmohn fegt in tiefer Glut
sein Feuer übers Feld.
Der zarte Halm sich voller Mut
dem Wind entgegenstellt.
Die Lerche singt so wunderbar
im Flimmern ringsumher –
voll Lebenslust und unsichtbar
hoch überm Himmelszelt.

Erkenne dich!

Willst du pfeifen, willst du singen,
einmal übern Schatten springen?
Willst du Purzelbäume schlagen,
mit dem Feindbild dich vertragen?
Willst du lachen, dich erbarmen,
gar, die ganze Welt umarmen?
Tu's, du kannst es, glaube mir!
Alle Kraft liegt nur bei dir!

Inspiration
für Tilo

Der Bambus biegt sich sanft im Wind,
er zeigt Dir, was und wer wir sind;
genauso wie die stolze Zeder,
so stark, so sanft wie eine Feder.

Dein Weg geht runter, er geht rauf,
am Wegrand steht: Gib niemals auf!
Was Du erträumt im Kinderspiel
ist Wahrheit, heißt: Dein Ziel!

Du trägst es in Dir – Schutz und Schild,
denn Du bist Gottes Ebenbild!

Im Auf und Ab

So wie es kommt, auch schon vergeht,
ein Blatt im Wind, das rasch verweht.
Der Tropfen Tau, er strahlt, er funkelt –
und schon ist all der Glanz verdunkelt.
Doch, neues Wasser tropft hernieder,
ein neuer Glanz! Er funkelt wieder!

Es ist, wie es ist!
Und wenn du vergißt,
was böse und schlecht,
so ist es recht.
Bewahre das Gute
in deinem Blute!
Und Groll wird sich legen
zu deinem Segen!

Leben

Leben heißt Weben.
Am Faden wir schweben.
Werfen wir den Anker fest,
bauen wir dort unser Nest,
um hinauf auf Adlers Schwingen
Lebensfreude zu besingen;
um zu schaffen bis zum Rest,
kehren wir zurück zum Nest;
noch im Tau verwelkter Blüte –
dankbar für des Schicksals Güte.

Fortschritt

Grandios sind wir! Errungenschaften!
Das Ego wächst. Der Ruhm bleibt haften.
Doch, wo Erkenntnis nimmt die Wende,
sind wir noch lange nicht am Ende!
Das große Staunen bleibt gelassen
vor Dingen, die wir nicht erfassen!

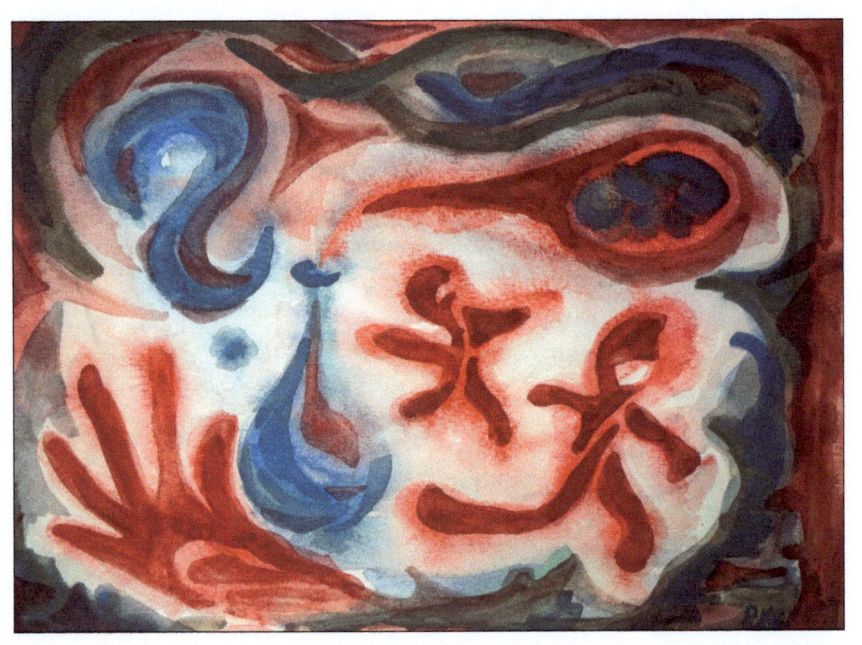

D.K.-E. Tusche Zeichnung Homunculus

Einhalt

Das größte Wunder: unsre Erde,
geschenkt, daß sie behütet werde.
Der Götze Macht in Gier und Geld
vernichtet und zerteilt die Welt.
Der Mensch vergöttert diesen Götzen,
um Gut durch Böses zu ersetzen!
Wann wirst du, Menschlein, je begreifen,
wozu es Früchte gibt, die reifen?
Noch ist es da, das Paradies …
So lebe, atme, spüre dies!
Der Mensch, geschaffen zur Versöhnung,
ist immer noch des Schöpfers Krönung!

Lebenswille

Alles, was zählt,
hast du gewählt!
Was du nicht willst, kannst du verändern!
Schmücke dein Leben mit bunten Bändern!
Glaube und Liebe geben dir viel,
führen dich sicher zu deinem Ziel!
Leben bewegt sich in seiner Bahn;
begreife und staune, packe es an!

Im Tiefsten verborgen,
frei aller Sorgen,
dein größtes Juwel –
bei meiner Seel!

Dasein

Wir sind die Lerche in der Luft,
das Meer, der Sand, der Blumenduft,
der Zweig, das Blatt, die Blütenpracht,
wir sind der Tag, wir sind die Nacht.

D.K-E. Öl auf Karton Zur Wiedervereinigung Deutschlands

Neues Leben

Eine kleine handvoll Leben,
liebevoll von Gott gegeben;
daß es wachse, sich vermehre,
blühe, reife – Gott zur Ehre!
Frohes Kommen, schmerzvoll Gehen,
fernes, lichtes Wiedersehen –
voller Fragen, voller Tun,
friedvoll in sich selber ruhn.

Jahreszeiten

Ich atme im Wald das erste Grün,   Frühling
bewundernd das zarte, duftende Blühn.
Ich spüre die Kraft, die die Erde durchbricht,
geschoben, gehoben vom himmlischen Licht.
So klingt auch mein Lied hinauf in die Höh
im Staunen, im Dank für das Glück, das ich seh.

Sommerfreude, Sommertaumel   Sommer
frank und frei im Seelenbaumel.
Wiesen blühen, Waldesduft,
Geigentöne in der Luft!
Könnte ich nur weiterziehn,
ganz in Blüten, ganz im Grün ...

Herbstlaub fällt geschwind,   Herbst
wirbelnd wild im Wind.
Blätter streifen dein Gesicht;
merkst du's oder merkst du's nicht?
Mag der Wind von außen schieben,
drinnen sind wir jung geblieben!

Winterzauber am Kamin ...   Winter
Flockenwirbel weiterziehn
vor dem Fenster in die Nacht,
weiß verweht, im Traum erdacht ...
Schöner kann es wohl kaum sein,
Knistern beim Tiroler Wein ...

So, wie es ist

Was wäre, wenn ...?
Was soll das denn?
Denn so viel ist mal sonnenklar,
das Wörtchen „wenn" ist gar nicht wahr!
Ersetze es doch durch ein „ist",
weil du dann gegenwärtig bist!
So könntest du im Tun und Lassen
das Kommende genau erfassen.

Sternschnuppe

Am Himmel ein Schweif!
Freudig ich greif
nach der Botschaft der Ferne
beim Funkeln der Sterne!
Den Wunsch – Wort für Wort –
trägt er mit fort;
beladen mit Träumen,
die 's Weltall umsäumen ...

D.K-E. Öl auf Karton

D.K-E. Pastell auf Velourpapier

Maritime Zweisamkeit
für Heiner

Vom Meer gings aus,
zum Meer hin gehts;
Du warst an meiner Seite stets.
wenns krieselt, brodelt, schäumt und braust,
hast Du geglättet, bist gesaust ...
Das Leben ähnelt den Gezeiten –
Du läßt Dich auf- und niedergleiten.
Den Blick nach vorn, konkret das Ziel –
im Hoch und Tief vom Wellenspiel.
Und schließlich wirst Du rückwärts schaun,
was Geist und Hände konnten baun;
lehnst Dich zurück, bestellst ein Shuttle,
der Nachwuchs sitzt perfekt im Sattel.
Das Glück war hold im Lebenstanz –
ein Silberstreif im Meeresglanz!

Wenn du gehst

Auch, wenn ich wüßt, du müßtest gehn,
du ließest mich allein zurück,
so würde ich dich weiter sehn
im Abendlicht vergang'ner Tage,
in Spuren, die da heißen Glück.

Auf Hoher See

Das Meer, voll Schönheit, voller Grauen
läßt dich in seinen Abgrund schauen.
Es zieht hinaus, macht dich bereit zum
letzten Kurs – die Ewigkeit.

Wellen

Welle auf Welle –
schier endlose Quelle
im Zeitstrom des Lebens:
Erhalt ist vergebens –
nur Kommen und Gehen, im
Schaum zu vergehen und
neu zu erstehen …

Weitergehen

Im Pulsschlag des Lebens
ist Warten vergebens.
Geh deine Schritte,
finde die Mitte.
Leb deinen Traum.
Erschaffe den Raum,
der dich erfüllt,
das Frei-Sein enthüllt!

WIR

Wer sind und wohin gehen wir?
Der Sand zu meinen Füßen hier
wird an- und wieder weggespült,
ein Augenblick, der Sonne fühlt,
zerrinnt im Sturm, im Glanz der Wellen,
kehrt heim zu seines Ursprungs Quellen …

Glück

Frei wie ein Vogel – so schwerelos frei,
ein Flügelschlag nur – so ziehts vorbei!

Martin Hesse Aquarell

Begreife!

Von Ahnen genormt,
vom Geiste geformt,
einmalig schön,
glaubst zu bestehn
in dem, was du siehst,
vor dem, dem du fliehst ...
Höre die Stimme, die alles dir sagt,
die Seele im Innern, die nach dir fragt!
Spüre das Licht, des Weltalls Kraft,
das in dir lebt, das dich erschafft!

Menschlein

Wir rasen, durchpflügen die Galaxie,
forschen und wühlen und merken nie,
was um uns geschieht ...
Doch Einer uns sieht,
uns liebt und uns lenkt,
Kommen und Gehen bedenkt.
Was regen wir uns sinnlos auf?
Wir rasen im All, im endlosen Lauf ...

Wir sind das Wunder, sind die Krönung;
zu Toleranz und zur Versöhnung
berufen auf Planetenspur –
im Aufschrei unserer Natur!

Wohin gehen wir?

Wir sind der Sturm –
wühlen als Wurm.
Wir kämpfen als Krieger –
fühlen uns Sieger,
zünden Raketen –
leben in Städten.
Technik zerstört,
was uns einst gehört!
Wir sind aus Wasser –
Gesetzesverfasser.
Wir sind aus Feuer –
Ungeheuer.
Wir sind Erfinder –
Menschenschinder,
frönen dem Geld,
zerstören die Welt;
schwimmen uns frei –
doch schon ists vorbei!
Geistige Wesen?
Schön wärs gewesen ...

Am Wegrand von Las Tricias La Palma

Woher?

Die uralte Frage, wie alles begann …
Formeln der Logik allen voran,
geprüft, verworfen, neu postuliert,
Urknall und Schöpfung ausprobiert …
Kehr in dein Selbst, laß offenbaren
das Größte, was Menschen je erfahren.
Dein Selbst gibt die Antwort, in dir verborgen;
erkenne und staune, frei aller Sorgen.

Neuer Lebensabschnitt
„Ruhestand"

Frei zu sein von allen Zwängen,
nicht mehr in den Mauern hängen,
raus ins Grüne, Sonne, Schnee,
Eins zu sein im Sturm der See,
Atem schöpfen, vorwärtsschaun,
Neues auf- und auszubaun,
Träumen wie zu Kinderzeiten
und die Arme auszubreiten,
allumfassend zu verstehn:
Diese Welt ist wunderschön!

Fazit

Zenit ist nunmehr überschritten
und Wunden gilt es noch zu kitten.
Dein Lebenssinn ist zu erfassen,
hat seine Spuren hinterlassen.
Im Auf und Ab der Wellen, Wogen
hat es dich stets hinausgezogen;
fernab von Raum, fernab von Zeit –
verbunden mit Unendlichkeit ...
Und dennoch bist du dort gelandet,
wo Höhenflug im Sturm versandet;
mit der Erkenntnis, dem Gespür:
Dein wahres Glück ist Jetzt und Hier!
Mein Weg als Ganzes, er war schön;
ich würde ihn heut wieder gehn!

Lebenskünstler
Rückblick

Wie eine Lerche tirilieren,
wie ein Torero triumphieren,
wie eine Löwin auf der Pirsch,
kämpfen wie ein wilder Hirsch!
Arm wie eine Kirchenmaus,
zerbrechlich wie ein Schneckenhaus,
stark wie eine Büffelherde,
stolzer Reiter, hoch zu Pferde!
Das Nest behüten wie ein Dachs,
den Strom bezwingen wie ein Lachs!
Des Lebenskünstlers freies Walten
gipfelt im Balance-Halten!

Portrait Dagmar Öl auf Karton Martin Hesse 1967

Momente vom ICH

Geh auf in Mozarts Zauberflöte
und messe dich im Faust mit Goethe.
Zu neuen Ufern laß dich treiben,
mit Dichterfürsten Verse schreiben,
mit Alexander Bilder malen,
im heißen Sande sich zu aalen,
auf Pegasus voll Phantasie
mit Andersen, Exupéry …
Wie nah lebt Shakespeare, fern Frau Holle,
wie reich beschenkt dich Eckhart Tolle!
Auch Leonardo läßt dir sagen,
wie Kunst und Technik sich vertragen.
Und schon schwebst du hinauf ins All
mit Juri, Nolde, Marc Chagall.
Die Bachtrompeten öffnen Weiten.
Mit Silva ab auf Alpha gleiten …
Finale – ach – Orchestertusch!
So landest du bei Wilhelm Busch.
Und schon hat diese nackte Welt
den Kopf auf Füße umgestellt!
Realität bleibt dein Begleiter
mit Aesculap als Wegbereiter.

Abenddämmerung

Ich liebe das Leben in Gottes Natur,
weiß, es ist kurz, ein Flügelschlag nur.
Gewühlt und geschuftet oh'n Rast, ohne End,
der Abend dämmert, ein Lichtlein noch brennt.
Es zeigt dir den Weg zur inneren Ruh.
Da stehst du allein – am Ende nur DU.
Ach, Irrtum, ich könnte verstehn,
erkennen, begreifen – die Zeit naht zu gehn.
Alles kommt anders, als je gedacht …
Der Abend dämmert, schon senkt sich die Nacht

Dennoch

Wenn alles vergeht –
mein Bäumchen, es steht
und treibt unverdrossen
Blüten und Sprossen
im Jetzt und für immer –
ein Hoffnungsschimmer!

Alles verweht,
kommt und geht;
doch heute noch, hier,
mein Bäumchen steht!

Jenseits
für Gerhard p.m.

Welle auf Welle braust auf und vergeht,
stürmende Lüfte – ein Hauch, der verweht.
    So wirst Du geboren,
      von Gott auserkoren.
Nur Spuren im Sand sind übrig geblieben,
von Wellen umspült, vom Meer rausgetrieben,
wo Wolken entsteigen,
den Traumpfad dir zeigen
      … und wieder geboren
        von Gott auserkoren …

Spuren

Wenn ich zurückschau, ist es kurz,
zu kurz für das, was mir noch bleibt.
Das Leben zeichnet seine Spur
im Wind, der deinen Namen schreibt.
Ich zähl sie nicht, die letzten Tage.
Ich stell sie nicht, die letzte Frage.
Ich will nur sein im Jetzt und Hier.
Ein Licht geht auf, ganz tief in mir!

Sonnenuntergang

Die Sonne taucht ihr golden Licht
am Horizont. Der Tag erlischt
im Meeresglanz, eh sie versinkt
und himmelwärts ihr Strahlen blinkt.
Im Abgesang von Ruhm und Pracht
winkt sie herbei die stille Nacht.
Und die Gedanken weiterschweifen
im letzten roten Wolkenstreifen …

D.K-E. Aquarell Hansesail Warnemünde

Abschied

Im Staunen erkennen,
die Dinge benennen,
die Tiefe erspüren,
die Seele berühren,
auf leisen Schwingen
vergessen das Ringen ...

Was bleibt

Verweht, vergessen – oder doch?
Bleibt dort ein winzig kleines Loch,
das aus der Tiefe zu dir strebt,
das vorwärtsschaut und weiterlebt?
Der Wellen Kamm zerstiebt fortan
und bleibt doch Teil vom Ozean!
Das Ewige schwebt nicht hoch droben;
es ist und bleibt in dir verwoben.

Perpetuum mobile

Die Quelle beginnt
als Rinnsal – ein Kind.
Es sprudelt und rennt
als Bach, der da brennt
voll Ungestüm, Brausen,
abwärts zu sausen,
im Wasserfall Tosen
das Ufer liebkosen.
Flußabwärts Getöse
zu voller Größe!
Es wirbelt dahin, dreht sich im Strudel,
dreht sich allein, dreht sich im Rudel.
Sein Ziel ist das Meer
von alters her.
Im Sturm der Gezeiten
den Weg vorbereiten,
den Weg ohne Zeit
in die Ewigkeit,
um Regen zu spenden;
das Blatt neu zu wenden …

D.K-E. Acryl auf Leinen Herbststrauss

Lebensrad

Ein neues Leben wird gegeben.
Der Mensch beginnt, sich zu erheben,
so voller Farben, voll Gesang
von Sonnenauf- bis -untergang,
um den Erfahrungsschatz vom Leben
den Großen, Kleinen mitzugeben,
um da zu sein, wenn sie dich brauchen,
den Lebensatem einzuhauchen,
bevor auch er zu Ende geht,
verweht – und nur im Buche steht …

Strand Warnemünde

Hinter dem Horizont

Dort, wo das Meer den Himmel küßt,
schwebt ferner Hauch Unendlichkeit.
Es ist, als ob ich seh und wüßt,
die grenzenlose Herrlichkeit!

Wegbegleiter

Du hast mich an der Hand gelenkt,   Mutter
hast freie Kindheit mir geschenkt.
„Bescheidenheit lebe –
den anderen gebe"!

„Das Ziel vor Augen, Disziplin,   Vater
nebst ausgeprägtem Ordnungssinn.
So lerne, daß die Schwarte knackt,
dann hast das Leben du gepackt!
Was du begonnen, führ zu Ende.
Dein Reichtum – das sind deine Hände.
Sag deine Meinung frei heraus
und nimm den Weg dort – gradeaus"!

Du lehrtest mich, die Kunst zu sehn,   Stiefvater
Musik der Meister zu verstehn;
die Malerei als Großes, Ganzes
im Farbenspiel des Lichts, des Glanzes.
„Geschichte, Wort, Philosophie
sind Teil von dir. Sag niemals nie!
Laß Fünfe grad sein, spür das Leben
und laß auch mal die Erde beben!"

Die Lehren hab ich wohl genossen.
Ich gab sie weiter an die Sprossen.
Ergänzend weiß ich zu berichten,
niemals auf Stille zu verzichten!

Weihnacht

Hektik, Stress – „das muß, das muß" …
plötzlich, endlich damit Schluss!
Ruhe, Andacht, stilles Sein –
Weihnacht ist's, im Kerzenschein!

Weihnacht zu Hause

Reise-Lyrik
Momentaufnahmen

Somata Alta Caldera La Palma

Eins-Sein

Eins-Sein heißt Lauschen –
Lauschen dem Rauschen,
dem Rauschen des Windes,
dem Plappern des Kindes,
dem Rauschen der Wellen,
den luftgen Gesellen,
dem Rauschen der Pinien,
der Wolken Linien
im Pfeifen der Gipfel,
der Welten Zipfel,
wo lautlos dein Schritt
den Himmel betritt;
heißt, staunend erkennen,
was wir benennen,
was uns verborgen –
schützend geborgen.
Dein Ich steht allein
im Zentrum – so klein.
Alles erscheint
in Liebe vereint.

Am Wasserfall

Im Brausen ergießen,
im Sturzflug zerfließen.
Es murmelt und zischt
gewaltige Gischt.
In schwindelnder Höhe
begreif ich und sehe
hinab auf die Kraft,
die wirbelt und schafft.
Ein Jauchzer zerstäubt,
der andere bleibt
und springt frisch und munter
die Klippen hinunter.
Strahlendes Glück
d e r Augenblick –
nur er ists, der steht,
bevor er vergeht,
jubelnd aufsteigend,
kraftvoll sich neigend,
taucht ein in den Wirbel tosender Massen,
die Gesang auf Gesang erklingen lassen –
vergessend sich selbst, vergessend die Zeit
im endlosen Strom der Ewigkeit.

D.K-E. Aquarell, Hochseefischerei

Im Meer

Das Meer – so weit –
Unendlichkeit.
Wellen, Bewegung,
kaum eine Regung.
Stürme und Toben –
unten ist oben!
Dann friedliche Stille
in Nebeldunst-Hülle.
Ein Schleier, der schwebt
und langsam sich hebt …
Lichtstrahl im Dunkeln,
unheimliches Funkeln.
Es glitzert und zischt
schäumende Gischt.
Gestalten, Gesichter,
Farben und Lichter
spiegelnd zerfließen
zu meinen Füßen.
Die Ferne verschwindet;
zur Einheit verbindet
sich Himmel und Meer
ringsumher.

Zugspitze

Alpen-Hymne

Kraftpakete, Eleganz,
schneebedeckter Gipfelkranz.

Erdgeschichte zeitnah raffen.
Machtvoll aus sich selbst erschaffen!
Rauh und schroff, erfrischend mild,
Eins in Allem, klar und wild!
Jeder Gipfel von Format
ist benannt, ein Unikat!
Wasserläufe aus Kristall
einen sich im freien Fall.

Murmeln, Sprudeln, tiefes Rauschen.
Einfach nur der Stille lauschen.
Abgrundtief, erschreckend schön
schwarze Schluchten einzusehn.
Farbenspiel der Reflexionen
der Palette innewohnen,
zauberhaft hinübergleiten,
öffnen neue, ferne Weiten,
mit den Wolken sich verwebend
hoch und höher aufwärts strebend.

Alpen – Idyll

Von Wolken umwoben in schwindelnden Höhn,
metallisches Glänzen in weißen Seen.
Ein Leuchten und Funkeln, hier steht die Zeit
in heiliger Stille, fern Glockengeläut.
Sprudelnde Bäche im satten Grün,
goldene Sonne läßt Wiesen erblühn.
Das Lied der Berge rauscht durch die Wipfel;
es zieht hinauf, hinauf in die Gipfel ...
Des Adlers Flug – majestätisch und leise –
berauscht alle Sinne in lautloser Weise.
Du schwebst mit hinauf auf breiten Schwingen,
läßt alles, was singt, in dir erklingen.
Du stehst wie gebannt – die Freiheit genießen –
dem Himmel so nah, die Schöpfung zu Füßen.

Winterzauber
in den Alpen

Sturm und Schnee
umhüllt, was ich seh ...
Gespenstisches Hetzen
von Wolkenfetzen.
Ein Lichtstrahl erhellt
den Zauber der Welt:
Schemenhaft Blitzen
entfernter Spitzen.
Und plötzlich in Weiß
Skulpturen aus Eis
im leuchtenden Stein!
Die Bergwelt ist mein!

Davos Schatzalp

Erwachen
in den Alpen

Der Morgen erwacht
im Spiegel der Nacht.
Das Rot aus dem Eis
erglitzert in Weiß
die Bergwand hinunter.
Im Nebelfeld unter
die Wolkenschicht bricht
das ewige Licht!

Bergtour

Erklommen ist des Gipfels Spitze
durch Waldes einsam stiller Pracht,
und von den Bergen sinkt die Hitze,
erahnt im Nebelkleid die Nacht.
Der Himmel öffnet seine Weiten,
sein Leuchten ist zum Greifen nah,
und wie aus alten fernen Zeiten
tönt sein im Wind „Halleluja".
Die Abendsonne scheint zu fliehn,
um fern den Bergen zuzuwinken,
läßt sie im Feuertaumel glühn,
bevor in Schwärze sie versinken.
Und abwärts gehts im Sturmesschritt;
die Leichtigkeit des Glücks zieht mit!

Frühlingserwachen
im Ötztal

Letzter Schnee
in schwindelnder Höh
trotzt sattem Grün,
wo Wiesen erblühn,
wo knorrige Äste
zum Frühlingsfeste
von Zauberhand
ihr grünes Gewand
stolz präsentieren,
dem Föhn salutieren.
Die Wipfel erklingen
voll Lärmen und Singen.
Der Bach rauscht kopfüber
die Felswand hernieder,
voll klappernd Geröll,
berstend und schnell,
ein quirlendes Schäumen,
ein wirbelndes Bäumen,
ein silbernes Band
talwärts ins Land.

Ein neuer Morgen

Der Berg erstrahlt im Morgenlicht.
Der Sonne Strahl formt sein Gesicht.
Die Nacht verhüllt sich wie zum Gruße
im letzten Schwarz zu seinem Fuße.
So lebt und schwindet gleichermaßen,
was wir besitzen und besaßen.

Abendsonne in den Bergen

Wenn Nebel durch die Dämmrung schleicht,
der Tag verblaßt, nach oben weicht,
wo letztes Rot der Berge steigt,
im Abendhimmel sich verzweigt,
da zieht die Stille ihre Bahn,
da hält die Welt den Atem an.

Alpen – Winter

Verschneit in den Bergen,
vom Weiß umhüllt,
als Punkt unter Zwergen,
von Stille erfüllt.
Giganten umsäumen
den Blick ringsherum –
glitzerndes Träumen
atemlos, stumm.
Die Sonne krönt Einen;
er funkelt und blinkt
im goldenen Scheinen,
bevor sie versinkt.

D.K-E. Aquarell Bürserberg, Vorarlberg

Tschengla/Vorarlberg

Winterwanderung

Schritt für Schritt im harschen Schnee
aus frostig-klarer Winternacht.
Die Stille selbst wohnt in der Höh.
Zum Staunen ist die Welt gemacht.
Kristalle blitzen sternengleich,
begrüßt vom ersten Sonnenlicht …
Du glaubst, du bist im Himmelreich!
Sieh, die Berge lügen nicht!

Amrum

Insel der Träume im ewigen Meer,
Weite und Stille ringsumher.
Weiß und Blau,
wohin ich schau.
Besinnung auf Menschsein,
dem Alltag entfliehn;
Erinnrung, Gedanken den Wolken nachziehn ...
Mit Freunden genießen,
den Sand an den Füßen,
die Ebbe, die Flut,
die prickelnde Glut,
das salzige Naß,
das Kühle vom Faß.
Nur wenige Stunden im Wettlauf der Zeit,
ich meine, es wäre die Ewigkeit.
Der Abschied fällt schwer,
die Sonne sinkt,
zurück bleiben Freunde,
ein Arm, der noch winkt ...

Azoren-Hoch
Sao Miguel

Ein zarter Fleck, von Grün erfüllt,
vom Blau des Meeres eingehüllt ...
So offen, frei, so unberührt
die Laune der Natur verführt.
Hortensien färben blaues Band
auf Schritt und Tritt am Wegesrand.
Vulkan verstummt im Kratersee,
schickt Rauch und Schwefel in die Höh.
Die Wolkenmassen ziehn und ziehn.
Ich sah noch nie solch sattes Grün!
Der heiße Atem dampft am Stiel
die Urgewalt durchs Erdventil!
So lieblich-mild, so ruppig-rauh,
dies Grün im Grün inmitten Blau!

Ponta da Arifana Westküste

Ode an Algarves Westküste

Die Elemente der Natur –
hier stehst du nun, du spürst sie pur.
Im Sturmesbrausen peitscht die Gischt,
die Sonne selbst küßt dein Gesicht
an schroffer Felswand, abgrundtief!
War es der Wind, der nach dir rief
oder wars der Möwen Schrei?
Die Wolkenfetzen ziehn vorbei,
als wollten sie einander jagen
und dir den Gruß des Himmels sagen.
Da, sieh doch nur, zu deinen Füßen
die Wellen in die Felswand schießen!
Fontänen perlen hoch empor,
die Brandung rauscht im Wellenchor!
Du fühlst dich klein und doch so groß
in deines Schöpfers Erdenschoß.
Du träumst im Meer, wies tobt und brüllt,
vom Rot der Felsen eingehüllt …

Meeresbrandung/Westalgarve

Wenn's braust und weht,
kommt und vergeht,
spürst du die Kraft, die alles dreht!

Im Blütenmeer/Westalgarve

Musik klingt in mir, voller Macht
im Angesicht der Blütenpracht!
Das Füllhorn hast du hier entleert,
Natur, so völlig unversehrt!
Die Luft erklingt mit Geigentönen,
dazu der Baß vom Meeresdröhnen,
ja, selbst die Erde spielt Klavier!
Es tönt: Das Paradies ist hier!

D.K.-E. Kugelschreiber-Skizze Hütte in der Orangenplantage

Quinta dos Passaros Algarve
Gästebuch für Susanne

Und wieder ist es wunderschön
mit Sonne auf- und -untergehn.
Algarves Zauber voller Pracht,
das Sternenfunkeln in der Nacht,
im Rauschen vom Orangenhain –
„hier bin ich Mensch, hier darf ich sein",
zu sehn, zu spüren voller Sinnen:
Die Zeit bleibt stehn, mag sie auch rinnen ...
Der Papagei ruft durch die Stille:
Sei achtsam! Das ist Gottes Wille!
„Das Meer erglänzt zu meinen Füßen".
Laß uns den neuen Tag begrüßen!

D.K-E Aquarell Garten in Lioux Provence

Lacoste

Provence bis Côte d'Azur

Lacoste, Bonnieux, le Luberon,
Marseille, Lioux et Avignon,
Cassis, Bandiol et la Cadiere,
la Côte d'Azur, le roc en mer!
Jasmin-, Akazienblütenduft
betört mit Thymian die Luft.
Lavendel träumt noch vor sich her,
den Traum vom blauen Blütenmeer.
Provence voll Flair, voll frischem Grün,
voll Ginster, Klatschmohn, Rosmarin.
Im Tal singt Fitis, Nachtigall,
ein Lauschen, Rauschen – der Mistral.
Ein ewig Brausen, Schwirren, Schwingen,
ein Pfeifen, Sausen, Klingen, Singen,
ein tiefes Blau in Sonnenglut –
die Kraft, die Freude, Liebe, Mut …

Vine Cottage/Madeira

Madeira

Madeiras Zauber ist die Luft,
der Charme, die Kraft, der Blütenduft,
das Meer, die Melodie der Wellen,
die pausenlos am Fels zerschellen;
das Grün der Berge – steil nach oben –
von Wolken spielerisch umwoben.
Hortensien, Lilien ziehn hinauf,
begleiten sanft Levadalauf.
Durch Schluchten in den Berg hinein –
dort Lorbeerwald, hier Bambushain.
Oleander, Weihnachtssterne,
schroffe Gipfel in der Ferne …
Den Eukalyptus nehm ich mit,
begleitet mich auf Schritt und Tritt;
selbst nachts kann ich den Duft nicht missen
und steck die Blätter unters Kissen.
Bei Meeresglanz im Mondenschein:
Köstlicher Madeirawein …

Jütland

Die Luft ist voll, voll von Gesang,
in Eins mit Sturm und Wellengang.
Die Gischt spritzt zischend um die Beine
im Klappern bunter Kieselsteine.
Im Wolkenwirbel treibe mit,
der Sonne Flut auf Schritt und Tritt!

Morgen-Andacht

Morgenstille – eingehüllt
ganz im Meeresrauschen.
Meine Seele ist erfüllt
einfach nur vom Lauschen.
Funken dort am Firmament
greifen nach den Wogen,
bis der ganze Himmel brennt.

Magisch angezogen
schäumen, glitzern sie im Tanz,
den Moment genießen –
kräuseln liebevoll den Glanz
murmelnd mir zu Füßen.

Vulkan Fogo 10 Tage vor Ausbruch

Fogo/Kapverdische Inseln

Wir steigen bedächtig.
Der Berg, er ist mächtig.
So lädt er uns ein
über Asche, Gestein,
über Schotter zur Spitze
in Stunden der Hitze.
Er lehrt uns zu sehen,
Furcht zu verstehen,
Glück zu genießen,
das Feuer zu Füßen …
Es zählt der Moment,
bevor er brennt
und Lava speit,
vom Druck sich befreit …
Er lehrt uns vergeben,
schenkt neues Leben …

Norwegen

Sag mir, wo liegt Hynnekleiv?
Übernächtigt, urlaubsreif...
Seen – und wolkendicht umwoben
ruht ein rotes Haus dort droben;
Boot und Angel sind dabei –
Regengüsse ziehn vorbei ...

Felsenwandern über Höhn –
halte inne, bleibe stehn!
Sieh die Herrlichkeit der Weite,
die dich durch den Tag geleite!
Wälder, Fjorde, Wasserfälle ...
kehr zurück, zu deiner Quelle!
Fühl die Stille, fühl die Kraft,
die dich trägt und neu erschafft!
Wassermassen, wild geschossen,
Urgewalt am Rjukanfossen!
Wolkenmassen, -fetzen fegen,
Sonnenstrahl versinkt im Regen.
Wanderschuh im Schlamm versinkt,
doch das Lied stets in mir klingt.
Heidekraut und Preiselbeeren ...
Sage mir, wo sind die Schären?

Schweden-Lied
Gästebuch für Göran

Kommst du nach Schweden, laß dir Zeit,
denn dieses Land ist endlos weit;
voll Wälder, Seen zum Entzücken,
mit Elch und Reh und voller Mücken;
mit Pilzen, Beeren, Moos en gros ...
Du ahntest es, doch gar nicht so,
so üppig und so stimmungsvoll,
so rauh, so herzlich – einfach toll!
Im Wald am Meer, da steht dein Haus.
Der Anblick ist ein Augenschmaus:
Voll Anmut, Farbe, Chic, ganz still –
das Haus von Göran, Ingalill.
Hier hätte ich noch gern gesessen!
Ach ja, die Zeit, hab sie vergessen ...

Cayo Santa Clara, Cuba

D.K-E. Aquarell Santa Maria, Cuba

Karibik/Cuba

Karibik – welch Klang –
voll Rhythmus, Gesang
bis tief in die Nacht.
Der Morgen erwacht –
bezaubernde Stille
in Meeresfülle.
Pelikane ziehn vorbei,
lautlos, selten sanfter Schrei.
Palmen wiegen sich im Wind,
warmer Atem bläst geschwind
über weißen Muschelsand.
Wasser perlt von meiner Hand.
Glühend heiße Sonnenfunken
tanzen flimmernd, freudetrunken,
spannen ihr Kristallgewebe
um mich, daß ich schwebe.
Schwerelos, im Takt der Wellen
spüre ich des Ursprungs Quellen.
Klares, leuchtendes Türkis –
ja, das ist das Paradies!

Kindsein

Danksagung an Laurin für den
ersten gemeinsamen Urlaub
auf Jütland in seinem 3. Lj.

Ein Kind zu sein –
so echt, so rein,
zerbrechlich-zart
nach Gottes Art,
so drollig-wild,
noch ungestillt
vor Wissensdurst und Freiheitsdrang,
voll Übermut, voll von Gesang.
In Eins sind Weinen und das Lachen,
der Trotz zum Alles-Selber-Machen.
Voll Wunder steckt der neue Tag
und keinen ich nur missen mag!
Wo ich erlebe dieses Glück,
führt es mich selbst zum Kind zurück!

Auf dem Gipfel
für Laurin

Der Bergwind bläst auf lichter Höh,
Gipfel an Gipfel – so weit ich seh,
im Schieferglanz, teils schneebedeckt.
Am strahlend Weiß die Sonne leckt.
Im Himmelslicht steh ich gebannt;
ein kleines Händchen in der Hand –
noch ahnungslos und voller Fragen,
voll Schalk, so weit die Füße tragen;
ein zartes Wesen, voll Vertrauen,
will begreifen, lernt, zu schauen
in grandioser weiter Flur ...
SELBST größtes Wunder der Natur!
Die Zukunft liegt in Deinen Sternen.
Im Hier und Jetzt kannst Du nur lernen.
Gott hat alles wohlbedacht,
ein Paradies für Dich gemacht!

Jufenalm Hochkönig mit Maya und Laurin

Auf der Jufenalm
für Maya & Lsaurin

Ringsherum der Berge Pracht
auf der Alm – bei Tag, bei Nacht.
Anmut, Weite, Andacht, Stille,
schwebt in sanfter Nebelhülle.
Kinderstimmen, Kindersingen
über Wald und Wiesen klingen.
Zwei Gestalten, zart und fein
zwischen schroffem Felsgestein
lachend sich im Kreise drehn,
fühlen neu die Welt entstehn.
Händchen halte ich in Händen.
Letzte Sonnenstrahlen senden
ihre Botschaft auf die Erde:
Neues Leben wachse, werde,
wie es war zu Anbeginn,
Eins in Allem – das ICH BIN!

Delogada Vulkanroute La Palma

La Palma

Rauschende Palmen im Pinienduft,
blühende Gärten, Zauber der Luft,
Barranco, Caldera, Vulkan an Vulkan,
magische Kräfte ziehen dich an.
Wolken und Meer hüllen dich ein;
Ursprung und Kraft, verbunden im Sein.

Vom Feuer geboren,
vom Meer auserkoren,
von Winden umsungen,
der Erde entsprungen.

Cumbrecita Galeria Aridane

La Palma

Isla bonita – ich bin da!
Du bist die Schönste – gracia!
Frohsinn und Stärke gibst du zurück.
Ich bin in dir und mit dir im Glück!
Leuchtende Wärme sendest du aus –
atemberaubend – mein zweites Zuhaus!

Roque Muchachos/Caldera

Caldera/Roque Muchachos

Ungestüme Wildheit,
Wolkenlava hoch und weit
fließt im Strom hernieder.
Felsen recken ihre Glieder,
stecken stolz die Nase raus –
eingehüllt im Wolkenhaus:
lassen sich liebkosen
in der Schöpfung Tosen.
Mutter Erde hüllt dich ein,
leuchtend rotes Urgestein!

Schritt für Schritt der Sonne näher,
hoch hinauf und immer höher!
Wolkenschleier flieht zurück
auf dem höchsten Gipfelglück.
Lebenskraft aus vollem Zug –
Freiheit, jeder Atemzug!

Cumbre nueve Caldera

Caldera/Cumbre nueve

Cumbre nueve!
Ich bin nur Eleve
im Staunen, Erkennen –
wie soll ich es nennen?
Die Höhe heißt Schweigen
und tief sich verneigen
im warmen Gestein,
im flammenden Sein.
Der Erde enthoben
schwebst du hoch droben
im Singen der Lüfte
berauschender Düfte,
verschmolzen im Stein –
Du selbst nur zu sein!

Am Roque Muchachos

Caldera – Akt
am Roque Muchachos/La Palma

Sonnenschein im Gipfelglück!
Wolken nahn – schau nicht zurück!
Abgrundtiefe Felsenwände
umspielen Wolkenfinger, -hände
So kräftig bunt, bizarr und fein,
im Farbentopf Vulkangestein!
Sie kreisen, türmen sich mit Macht!
Der Fels erstarrt zu finstrer Nacht.
Sturmgepeitscht am nassen Berg
steht ein Mensch, ein kleiner Zwerg,
harrt getrost auf spätes Glück …
Da, ein Loch – ein blaues Stück!
Die Sonne naht, verschleiert nur,
Scheinwerfer fluten im Purpur.
Ein Strahlenkranz durch Wolkenrisse …
Logenplatz vor Filmkulisse!
Vorhang auf! Das Licht strömt pur –
Festakt rauschender Natur!

El Pilar – Tinizara La Palma

Tinizara-Wanderweg/La Palma

Licht und Schatten ziehen mit
auf dem Pfad. Bei jedem Schritt
gehts bergauf, als seis ein Traum.
Schöner, glaubst du, geht es kaum!
Unter dir, zu deinen Füßen,
Pinienduft, voll zum Genießen,
ebenso Zitronenduft,
eingehüllt in Rosenluft,
die der Bergwind sanft umspielt,
deine heiße Stirne kühlt.
Rauschend neigen sich die Bäume
vor dem Weg entlang der Träume,
windet sich am Felsenrand
wie ein zartes Lebensband -
könnt ich ewig weitergehn
mit dem Ausruf: „Zeit, bleib stehn"!

Casa Gorgonia La Palma

Casa Gorgonia/La Palma
Gästebuch für Carlos

Casa Gorgonia im tropischen Hain,
Ruhe und Stille laden dich ein.
Bananen-Plantagen am sonnigen Hang,
funkelnde Sterne bei Grillengesang.
Palmwedel streicheln das Haus behände,
zierliche Geckos schmücken die Wände.
Feuriges Land und feuriger Wein,
spiegelndes Meer im Mondenschein
Natur und Kultur in harmonischem Klang;
ein Flecken Idylle – dem Himmel sei Dank!

Gaviota Westspitze La Palma

D.K-E. Aquarell–Wachsstift Gaviota

Gaviota/La Palma

Auf einsamer Spitze, am Ende der Welt,
begreifst du, was sie zusammenhält.
Du blickst in die Tiefe – Vulkangestein
von Wellen umspült im Sonnenschein.
Sein Glanz umhüllt dich in bebender Stille;
vergessen die Pflichten, der eiserne Wille.
Erkenne dein Selbst, erkenne die Mitte!
Es ist, als machst du die ersten Schritte!
Ein magischer Ort voll Faszination –
befreiend, beglückend, voll Inspiration.
Die Glut im Feuer, auf dem ich steh;
die Glut des Atems auf windiger Höh
beflügeln den Geist, sie hauchen dir ein:
Du hast allen Grund, dankbar zu sein!

Lomo El Fayal La Palma

Mittendrin/La Palma

Im Lorbeerrausch läßt sichs vergessen,
mit Pinienduft zwischen Zypressen.
Die glitzernd heiße Sonnenglut
durchbricht in Licht- und Schattenflut
den Weg, den ich hab ausgewählt,
der mit mir läuft und für mich zählt.

Bejenado Cuervas La Palma

Inselträume/La Palma

Akazien, stolz, bizarr, allein,
wiegen deine Träume ein.
Mit Eukalyptus – Duftoase,
die handvoll Blätter für die Nase.
Du träumst von Blütenmelodien,
wie sie im Takt der Zweige ziehn.
Und nachts noch ruht dein Kopf zum Träumen
auf grünen Blättern von den Bäumen.
Mein Geist schwebt mit im Tanz der Düfte,
schwingt sich empor, hoch in die Lüfte,
schaut dann hinab, wie er sich dreht,
der einzigartige Planet!

Rückflug von den Canaren

Rückflug

Wolkenformationen ...
Wie im Himmel wohnen ...
Fliegen, Schweben, Schauen,
Wolkenschlösser bauen.
Himmelwärts nur Blau und Weit
Der Weg in die Unendlichkeit.
Und unter dir – in Miniatur –
Das Grün, das Rot von Feld und Flur.
Ein Meisterwerk an Form und Pracht
Hat sich dein Schöpfer ausgedacht!
Die Technik eilt im Flug ruck-zuck;
Es bleibt ein warmer Händedruck

Was ich dir noch sagen will

D.K.-E. Wachsbatik Buddha

Verse ohne Titel

„Ich bin das ICH BIN" –
unfaßbar der Sinn;
der Sinn allen Seins –
unendlich in Eins.
Aus dem Alten Testament

Die Zeit, sie rennt?
Nicht existent!
Fiktion bleibt sie, sie streicht dahin ...
Das Hier und Jetzt macht seinen Sinn!

WER, wenn nicht WIR?
WANN? JETZT und HIER!

Willst du begreifen, willst verstehn,
so lerne stets das Ganze sehn.
So bringst du Segen, kannst du sorgen.
Das Wesentliche bleibt verborgen.

Im Kleinen kannst du Großes tun;
laß Hände Arbeit einmal ruhn.
Du brauchst auch Zeit, dich zu besinnen,
sonst wird die Zeit von dannen rinnen ...

Was du immer schon gewollt,
hast es nie getan,
laß es zu und glaube dran,
packe es jetzt an!

Solange du am Leben bist,
nimms Leben so, so wie es ist;
weil allzu schnell der Mensch vergißt,
wie's Leben ist – so, wie es ist!
Verändre, was zu ändern gilt;
bewahre vor dir selbst dein Bild!

Wieso und warum?
Wer fragt, bleibt nicht dumm.
Wer zögert, verdrängt,
wird abgehängt!

Lebe den Tag,
der alles vermag!
Du kannst ihn lenken
mit deinem Denken.

Unendliche Wege schlummern in dir;
geh deinen und glaube. Geh durch die Tür

Das große Erkennen, worüber wir streiten,
liegt in dir verborgen, jenseits der Zeiten!

Ein Teil von mir bleibt Teil von dir,
geleitet dich vom Ich zum Wir.
Das Ewige, ganz tief in dir –
ist Schutz, dein Lebenselixier!

Glaubst du zu straucheln, glaubst zu fallen;
so geht es dir, so geht es allen,
die manchmal am Verzweifeln sind.
Wir alle waren mal ein Kind.
Es fällt, es steht, kämpft wie ein Mann,
bevor es endlich laufen kann.

So, wie es war, wirds nie mehr sein.
Wir sind mal groß, mal sind wir klein.
Und wenn du bist, so wie du bist,
den Tag so nimmst, so wie er ist,
so bleibt er dein, so ist er toll.
Das Glas fast leer? Nein, mach es voll!

Vita

- 26.01.1947 in Nordhausen/Harz geboren
- Vater: Geologe, Mutter: gelernte Hutmacherin
  Stiefvater: Kunsthistoriker, Maler, Architekt
- Abitur 1966 an der „Humboldt-Oberschule", Nordhausen
- Praktisches Jahr im Krankenhaus Ilfeld/Harz, Chirurgie
- Medizinstudium 1967–1973 an der „Karl-Marx-Universität"
  in Leipzig und an der „Medizinischen Akademie" in Erfurt
- Approbation und Diplom 1973
- 1973–1978 Facharztausbildung für Allgemeinmedizin am
  Bezirkskrankenhaus Rostock mit gen. Anerkennung
- 1975–1978 zwischenzeitliche Einsätze als Schiffsarzt auf
  Fang- und Verarbeitungsschiffen der Hochsee-Fischerei
  Rostock
- 1989 schiffsärztliche Forschungsreise rund um Afrika
- 1978–1990 Arzt in der Poliklinik Überseehafen Rostock
  und wissenschaftliche Tätigkeit zur medizinischen
  Sicherheit auf See an der Ingenieurhochschule für Seefahrt
  Warnemünde
- 1981 Promotion an der Rostocker Universität
- Zusatzqualifikationen (erst nach der Wende möglich):
  1992 A- u B-Diplom für Ohr- und Körper-Akupunktur an
  „Dt. Akademie für Akupunktur/Aurikulomedizin" München,
  1992 Arzt für Naturheilverfahren, 1996 Kurarzt
- 1992–2017 Freie ärztliche Niederlassung in Warnemünde

- 1980 Eheschließung mit Heinrich Kummer,
  Wirtschaftsoffizier der Deutschen Seereederei Rostock
- 1980 Geburt des ersten Sohnes Hannes-Christian
- 1981 Geburt des zweiten Sohnes Tilo

Besondere Vorlieben, Begabungen in Musik, Malerei, Literatur werden früh gefördert, später intensiviert.
08/2018 erscheint der erste Roman, ein Zeitdokument, „Mein Tor zur Welt – Memoiren einer Schiffsärztin".

Die Autorin

Die 1947 in Nordhausen im Harz geborene und dort aufgewachsene Dagmar Kummer-Eisenhuth absolvierte nach dem Abitur das Studium der Medizin in Leipzig und Erfurt. Von 1973 bis 2017 war sie als Ärztin tätig. Zeit ihres Lebens hat sie außerdem Gedichte und ebenso Kurzgeschichten verfasst. Auch ihr Elternhaus war von der Kunst – von Musik, der Malerei, vom Dichten und Schreiben – geprägt. Die verheiratete Mutter zweier Söhne veröffentlichte 2018 mit großem Erfolg „Mein Tor zur Welt – Memoiren einer Schiffsärztin", die ihren Lebensabschnitt als Schiffsärztin in der Hochseefischerei der DDR aufleben läßt. Inspiration findet die in Rostock – Warnemünde lebende Autorin beim (Berg-)Wandern, Reisen und Schwimmen. Neben Lyrik dominieren Malerei und Klavierspiel in ihren kreativen Ausdrucksformen.

Der Verlag

> *Wer aufhört
> besser zu werden,
> hat aufgehört
> gut zu sein!*

Basierend auf diesem Motto ist es dem novum Verlag ein Anliegen neue Manuskripte aufzuspüren, zu veröffentlichen und deren Autoren langfristig zu fördern. Mittlerweile gilt der 1997 gegründete und mehrfach prämierte Verlag als Spezialist für Neuautoren in Deutschland, Österreich und der Schweiz.

Für jedes neue Manuskript wird innerhalb weniger Wochen eine kostenfreie, unverbindliche Lektorats-Prüfung erstellt.

Weitere Informationen zum Verlag und seinen Büchern finden Sie im Internet unter:

www.novumverlag.com